সনাতন ভারতের বিজ্ঞান চর্চা

শুভঙ্কর মজুমদার

বিষয়বস্তু

1

মহর্ষি কণাদ ও প্রাচীন ভারতের কোয়ান্টাম থিওরির চর্চা

“আমরা আমাদের চারিপাশে যে সব বস্তু দেখতে পাই যেমন মাটি, জল, বাতাস, আলো ইত্যাদি তারা আসলে কি দিয়ে তৈরি?” - এই প্রশ্নটা কিন্তু দর্শনের ও বিজ্ঞানের গোঁড়ার চিন্তা। প্রাচীন কালে বিভিন্ন দার্শনিক ও বিজ্ঞানীরা নানা ভাবে এই প্রশ্নের উত্তর দেওয়ার চেষ্টা করেছেন। খ্রিস্টপূর্ব ৪০০ সালে গ্রীক দার্শনিক প্লেটো ও তার ছাত্র এরিস্টটল বলেছিলেন যে জগতের সব কিছুই ৫টি উপাদান বা তত্ত্ব দ্বারা তৈরি। এই গুলি হল মাটি, জল, বাতাস, আগুন ও আকাশ। যেহেতু এরিস্টটল ছিলেন মহারাজ আলেকজান্ডারের শিক্ষাগুরু, তাই আলেকজান্ডারের হাত ধরে এরিস্টটলের মতবাদ ছড়িয়ে পরেছিল সারা পৃথিবী জুড়ে। যদিও এই মতবাদে অনেক সমস্যা ছিল তবুও প্রায় এক হাজার বছর পর্যন্ত কেউ কোন প্রশ্ন ছাড়াই এরিস্টটলের মতবাদকে বিশ্বাস করে এসেছিল।

একটা সময় পর্যন্ত এই মতবাদ প্রায় সব বিজ্ঞান বইয়ের পাঠ্য ছিল।

বর্তমানে বিজ্ঞানের উন্নতির সাথে সাথে আমরা এই প্রশ্নের সঠিক উত্তর অনেকটাই জেনে ফেলেছি। আজ আমরা জানি সমস্ত বস্তু আসলে ক্ষুদ্র ক্ষুদ্র পরমাণু দ্বারা গঠিত। এই পরমাণু গুলি আবার প্রধান দুটি কণা কোয়ার্ক ও লেপটন দিয়ে তৈরি। এই কোণাগুলির ভর আছে এবং তারা যে কোন পদার্থের গঠনগত একক। তাছাড়াও রয়েছে ভরহীন কণা ফোটন, যা দিয়ে আলো, চুম্বক, তাপ ও বিদ্যুৎ শক্তি তৈরি। আজ কোয়ান্টাম তত্ত্বর সাহায্যে আমরা খুব সঠিক ভাবে পরমাণু ও তার গঠনগত কণা গুলি ও তাদের মধ্যেকার মিথস্ক্রিয়া সম্পর্কে জানতে পেরেছি ও তার উপর ভিত্তিকরে সেই কণা গুলির ভবিষ্যৎ কি হবে তা অনুমান করতে পারছি। আধুনিক ইউরোপে প্রথম পরমাণুবাদ প্রতিষ্ঠা করেন জন ডাল্টন অষ্টাদশ শতাব্দীর শেষের দিকে। কিন্তু প্রাচীন ভারতের দার্শনিক ও বিজ্ঞানী মহর্ষি কণাদ খ্রিস্টপূর্ব প্রায় ৬০০ বছর আগে পরমাণুবাদ প্রচার করে ছিলেন। যদিও তার করা অনুমানের সাথে আধুনিক পরমাণু তত্ত্বর অনেক পার্থক্য আছে, এর সেটা থাকাটাই স্বাভাবিক কারন মহর্ষি কণাদ আজ থেকে প্রায় ২৬০০ বছর আগে তার থিওরি দিয়ে ছিলেন। কিন্তু মৌলিক স্তরে আধুনিক পরমানুবাদের সাথে মহর্ষি কণাদের পরমানুবাদের বেশ কিছু মিল আছে।

খ্রিস্টপূর্ব প্রায় ৬০০ বছর আগে লেখা কণাদ সূত্র থেকে মহর্ষি কণাদ সম্পর্কে সামান্য কিছু তথ্যই জানা যায়। যদিও আমরা মহর্ষি কণাদের জীবনী সম্পর্কে কিছু জানি না, তবে তার আবিষ্কার করা সূত্র গুলি থেকে আমরা তার যোগ্যতা সম্পর্কে অনেক কিছুই জানতে পারি। তার

মতে সমগ্র মহাবিশ্ব চারটে প্রধান তত্ত্ব দ্বারা তৈরি। যে গুলি হল ১) পরমাণু বা অ্যাটম, যা দিয়ে সমস্ত পদার্থ ও শক্তি গঠিত, ২) স্থান বা স্পেস যা দিয়ে ফাকা স্থান গঠিত, ৩) সময় বা টাইম ও ৪) দিশা বা ভেক্টর। এর মধ্যে প্রধানত পরমাণু নিয়ে তিনি গবেষণা করেছিলেন। তার মতে সমস্ত পদার্থ ও শক্তি আসলে অতি ক্ষুদ্র ক্ষুদ্র গোলাকার কণার সমন্বয়ে গঠিত যাদের তিনি বলেছিলেন পরমাণু, যার বাংলা অর্থ অতি ক্ষুদ্র। আর এই ভাবে বিভিন্ন পরমাণু পরস্পর জুড়ে তৈরি হয় বিভিন্ন পদার্থের অনু। অনুকে ভাঙলে পরমাণু পাওয়া যায় কিন্তু পরমাণুকে এর ভাঙ্গা যায়না। সমস্ত পরমাণু আসলে দুটো প্রধান শ্রেণিতে বিভক্ত। প্রথম হল ভর যুক্ত পরমাণু যার দ্বারা পদার্থ তৈরি ও দ্বিতীয় হল ভরহীন পরমাণু যা দিয়ে শক্তি, তাপ বা আলো তৈরি। ভরযুক্ত পরমাণুরা বিভিন্ন ভাবে যুক্ত হয়ে অনু গঠন করতে পারে তবে তাতে পরমাণুর আগের আকারের কোন পরিবর্তন হয় না। তৈরি হওয়া অনুর দুটো অবস্থা থাকতে পারে, গতিশীল অবস্থা বা স্থিতিশীল অবস্থা। তরল ও গ্যাসীয় পদার্থরা প্রবাহিত হতে পারে কারন তাদের অনুগুলি গতিশীল, কিন্তু কঠিন পদার্থরা প্রবাহিত হতে পারে না কারন তাদের অনুগুলি স্থিতিশীল। অনুর গতি স্থান, সময় ও দিশা (Space-Time-Vector)-এই তিনটি মান দ্বারা নির্ণয় করা হয়। ভরহীন পরমাণু এই ভাবে যুক্ত হতে পারে না, তাই তারা সবসময় প্রবাহিত অবস্থায় থাকে ও তাদের প্রবাহ মান হয় অসীম, এই জন্যই আলোর গতি অসীম (এই প্রসঙ্গে বলে রাখি, আলোর গতি অসীম নয়; বর্তমানে আমরা জানি আলোর গতি ৩ লক্ষ কিলোমিটার প্রতি সেকেন্ড। মহর্ষি কণাদ মনে করে ছিলেন আলোর গতি অসীম, এই ক্ষেত্রে তিনি খুব বড় ভুল করে ছিলেন)।

বর্তমানে আমরা জানি পদার্থরা যেমন ক্ষুদ্র ক্ষুদ্র পরমাণু দ্বারা তৈরি তেমনই আলো নিজেও কিন্তু ক্ষুদ্র ক্ষুদ্র কণা দ্বারা তৈরি যাদের বলে ফোটন। মহর্ষি কণাদের পরমাণুবাদে প্রথম আলোকেও কণার স্রোত হিসাবে কল্পনা করা হয়। তবে মহর্ষি কণাদের পরমাণুবাদেও অনেক অনেক ভুল আছে, যেমন তিনি ধারনা করে ছিলেন সব বস্তু মাত্র দুই ধরণের ভরযুক্ত পরমাণু দ্বারাই তৈরি, সব পদার্থ আসলে এই দু ধরণের পরমাণুর আলাদা আলাদা ভাবে যুক্ত হওয়ার ফলে তৈরি। কিন্তু বাস্তবে সকল মৌল আলাদা আলাদা পরমাণু দ্বারা তৈরি। তাছাড়া তিনি বলেছিলেন পরমাণুকে ভাঙ্গা যায় না কিন্তু বাস্তবে পরমাণুকে আরো ক্ষুদ্র অংশে ভাঙ্গা সম্ভব। তাছাড়া তিনি বলেছিলেন কঠিন পদার্থের পরমাণুরা সম্পূর্ণ স্থির অবস্থায় থাকে এই উক্তিটি পুরোপুরি ঠিক নয়। তা ছাড়াও মহর্ষি কণাদ আলোকে অসীম গতিশীল ভেবেছিলেন যা সম্পূর্ণ ভুল।

তবুও আজ থেকে প্রায় ২৬০০ বছর আগে পরমাণুর মতো এতো জটিল বিষয় নিয়ে এতদূর গবেষণা করা সত্যি প্রশংসনীয়। আর আমাদের এটা ভুললে চলবে না যে আধুনিক ইউরোপে প্রথম পরমাণুর ধারনা এসেছিল মহর্ষি কণাদের প্রায় দুই হাজার বছর পরে। এই দুই হাজার বছরে বিজ্ঞান এতো উন্নতি করে ছিল বলেই অনেক আধুনিক পরীক্ষা দ্বারা আমরা বর্তমানে সঠিক পরমাণুবাদ তত্ত্ব পেয়েছি। কিন্তু মহর্ষি কণাদের সময় এগুলি কিছুই ছিল না। শুধুমাত্র গাণিতিক ও সামান্য কিছু পরীক্ষা ও পর্যবেক্ষণ দ্বারাই তাকে তার পরমাণুবাদ তত্ত্ব তৈরি করতে হয়। প্রধানত তরল ও গ্যাসীয় পদার্থ নিয়ে পরীক্ষা করার সময় তিনি অনুমান করে ছিলেন তরল ও গ্যাসীয় পদার্থকে ক্ষুদ্র ক্ষুদ্র কণার সমষ্টি ধরে নিলে হিসাবে সুবিধা হয়। সেখান থেকেই তার পরমাণুর ধারনা আসে। তখন মৌল, যৌগ বা মিশ্র পদার্থের কোন ধারনা ছিল না।

গ্যাস বলতে শুধু বায়ুকে সবাই জানত, তার ভিতরে থাকা বাকি পদার্থ দের বিষয়ে মানুষের ধারনা ছিল না। এই তত্ত্ব গুলির অভাবের জন্যই তার পরমাণুবাদের অনেক ভুল রয়ে গিয়েছে। তবে তার চিন্তা সত্যি যুগের থেকে অনেক এগিয়ে ছিল এই কথা স্বীকার করতেই হবে।

2

মহর্ষি কণাদ ও প্রাচীন ভারতের গতিবিদ্যা চর্চা

গতি নিয়ে চর্চা কিন্তু বিজ্ঞানে নতুন কোন বিষয় নয়। যখন মানুষ শিকারি সংগ্রাহকের জীবন যাপন করত তখন থেকেই মানুষকে বিভিন্ন প্রাণীদের গতিবেগ ও অভিমুখ সম্পর্কে স্পষ্ট ধারণা রাখতে হতো। যদিও তখন মানুষ অঙ্ক বা বিজ্ঞান জানতো না তবুও শুধুমাত্র অনুমানের উপর ভিত্তি করে তারা সুনিপুণ ভাবে শিকার ধরত। আধুনিক যুগে এসে বিজ্ঞান ও গণিতের উন্নতির সাথে সাথে আমরা আজ গতিবিদ্যা সম্পর্কে অনেক কিছুই জানতে পেরেছি। আধুনিক ইউরোপে গালিলিও, কোপারনিকাস, কেপলার, নিউটনের মতো বিখ্যাত বিজ্ঞানীদের হাত ধরে আধুনিক মানুষ প্রকৃত অর্থে পরিচিত হয় গতিবিদ্যার সাথে। আজকে আমরা গতিবিদ্যা সংক্রান্ত যে সমস্ত আধুনিক বিজ্ঞান নিয়ে পড়াশোনা করি, সেই সমস্ত কিছুর ভিত্তি হল নিউটনের গতিসূত্র ও মাধ্যাকর্ষণ সূত্র। নিউটন প্রথম আমাদের শক্তি,

বল, কার্য, ক্রিয়া-প্রতিক্রিয়া ইত্যাদি বিষয় গুলি সম্পর্কে সুস্পষ্ট ধারণা দেন। নিউটনের গতিবিদ্যা সংক্রান্ত ৩টি সূত্র আমরা স্কুল জীবনের প্রথমেই পড়ে থাকি। কিন্তু আধুনিক ইউরোপের বহু আগে প্রাচীন ভারতের বিখ্যাত বিজ্ঞানী মহর্ষি কণাদ এই গতিবিদ্যা সংক্রান্ত বেশ কিছু সূত্র দিয়ে ছিলেন। যদিও আধুনিক গতিবিদ্যার সাথে মহর্ষি কণাদের দেওয়া ধারণার প্রচুর অমিল লক্ষকরা যাবে, তবে সেটা স্বাভাবিক কারন মহর্ষি কণাদ এই সূত্র গুলি দিয়েছিলেন খ্রিস্টপূর্ব ৬০০ সালে অর্থাৎ আজ থেকে প্রায় ২৬০০ বছর আগে ও নিউটনের জন্মের প্রায় ২২০০ বছর আগে। তখনো মানুষ শক্তি, বল, কার্য, ক্রিয়া-প্রতিক্রিয়া ইত্যাদি বিষয় গুলি সম্পর্কে সঠিক ভাবে জানতো না।

মহর্ষি কণাদের সম্পূর্ণ জীবনী সম্পর্কে বিশেষ কিছু জানা যায়না। তবে কিছু পুথি ও অন্যান্য কিছু লেখক ও পরিব্রাজিকের কাহিনী থেকে অনুমান করা হয় মহর্ষি কণাদ খ্রিস্টপূর্ব ৬০০ সালে গুজরাটের প্রবাস ক্ষেত্রে (দ্বারকার নিকটে) জন্মগ্রহণ করেন। তার লেখা প্রধান বই কণাদ সূত্র থেকে আমরা তার বিষয়ে জানতে পারি। এই বইতে মহর্ষি কণাদ বিভিন্ন বিষয় নিয়ে করা তার গবেষণা লিপিবদ্ধ করেছেন। এমন কি আধুনিক ইউরোপের বহু আগে তিনি পরমাণুবাদ প্রচার করে ছিলেন। তবে তার আরো একটি বড় গবেষণা হল গতি সংক্রান্ত বিজ্ঞান। শক্তি, বল, কার্য, ক্রিয়া-প্রতিক্রিয়া ইত্যাদি সম্পর্কে স্পষ্ট ধারণা তৈরি হওয়ার বহুযুগ আগে তিনি গতিবিদ্যা সংক্রান্ত বেশ কিছু সূত্র তৈরি করে ছিলেন। তার সূত্র গুলি ছিল -

১) কোন বস্তুর মধ্যে গতি তৈরি করতে গেলে তার উপর বল প্রয়োগ করতে হয়, বল প্রয়োগ ছাড়া বস্তুতে গতি তৈরি

হয় না।

২) বস্তুর গতি কোণ দিকে হবে তা বস্তুর উপর প্রয়োগ করা বাহ্যিক বলের উপর নির্ভর করে।

৩) গতিশীল বস্তুকে স্থির করার জন্য তার উপর বিপরীত মুখি বল প্রয়োগ করতে হবে।

৪) কোন বস্তুর উপর যদি দুই দিক থেকে সমান ও বিপরীত মুখি বল প্রয়োগ হয় তা হলে বস্তুতে কোন গতি তৈরি হবে না।

এই সূত্র গুলি অনেকটা নিউটনের প্রথম ও তৃতীয় সূত্রের মত। যদিও এই কথা ঠিক যে নিউটনের সূত্র গুলি অনেক বেশি আধুনিক ও সঠিক, তবে আজ থেকে ২৬০০ বছর আগে আধুনিক প্রযুক্তি ও বিজ্ঞানের সাহায্য ছাড়া শুধুমাত্র গণিতের সাহায্যে এতদূর গবেষণা করা সত্যি প্রশংসার বিষয়। আমি নিউটনের সাথে মহর্ষি কণাদের তুলনা করছি না, কারন তারা সম্পূর্ণ আলাদা স্থান ও সময়ের বিজ্ঞানী। আমি শুধু এইটুকু বলতে চাই, ইউরোপ মোটেও আধুনিক বিজ্ঞান চর্চার সূত্রপাত করেনি। আধুনিক ইউরোপের কয়েক হাজার বছর আগে থেকেই ভারতীয় উপমহাদেশে আধুনিক বিজ্ঞান চর্চা শুরু হয়ে গিয়ে ছিল। অসংখ্য ভারতীয় বিজ্ঞানী ও গণিতজ্ঞ হাজার হাজার বছর ধরে ভারতের মাটিতে বিজ্ঞান চর্চা করে এসেছেন।

3

ভাস্করাচার্য ও ডিফারেন্সিয়াল ও ইনটিগ্র্যাল ক্যালকুলাসের আবিষ্কার

প্রাচীন ভারতের বিজ্ঞান চর্চা কতটা উন্নত ছিল তার সবথেকে বড় প্রমাণ ভাস্করাচার্য ও তার রচিত বই সিদ্ধান্তশিরোমণি। বইটি যখন তিনি রচনা করেছিলান তখন তার বয়স ছিল মাত্র ৩৬ বছর। সাধারণ পাটিগণিত, বীজগণিত থেকে শুরুকরে অসীমের ধারণা, ডিফারেন্সিয়াল ও ইনটিগ্র্যাল ক্যালকুলাস, মহাকর্ষ ও অভিকর্ষ বল, গ্রহেরগতি, ত্রিমাত্রিক জগতে বস্তুর গতি সব বিষয় নিয়েই এই বইতে আলোচনা করা হয়েছে। কিন্তু এই বইয়ের সব থেকে বড় বৈশিষ্ট্য হল এই বইটি লেখা হয়েছিলো ১১৫০ খ্রিষ্টাব্দে অর্থাৎ আজ থেকে প্রায় ৯০০ বছর আগে। আধুনিক ইউরোপে এই সমস্ত বিষয়ে যে গবেষণা হয়েছিলো তা শুরু হয়েছিলো ১৬০০ সালের পর

থেকে গালিলিও ও নিউটনের হাত ধরে। অর্থাৎ ভাস্করাচার্যর থেকেও প্রায় ৫০০ বছর পরে। সত্যি ভাবতে অবাক লাগে একটা সময় ভারত ইউরোপের থেকে বিজ্ঞানে প্রায় ৫০০ বছর এগিয়ে ছিল। ১২০২ খ্রিস্টাব্দে ইউরোপে প্রথম গণিতের বই প্রকাশিত হয়েছিল লিওনার্ডো দা পিসা'র হাত ধরে। সেই দিক থেকে বিচার করলে ১১৫০ খিস্টাব্দে ভাস্করাচার্য রচিত 'সিদ্ধান্ত শিরোমণি' ই হল পৃথিবীর প্রথম গণিতগ্রন্থ।

ভাস্করাচার্য ১১১৪ খ্রিস্টাব্দে ভারতের কর্ণাটক প্রদেশে পশ্চিমঘাটে সহ্য পর্বতের নিকট প্রাচীন বিজুবিড (বর্তমান বিজাপুর) এলাকায় জন্মগ্রহণ করেন। তার রচিত গ্রন্থ গুলি হল সিদ্ধান্তশিরোমণি, করণকুহতল, সর্বতোভদ্র ইত্যাদি। তবে তিনি সিদ্ধান্তশিরোমণি গ্রন্থের জন্যই বেশি বিখ্যাত। এ গ্রন্থটিতে চারটি অধ্যায় রয়েছে - লীলাবতী, বীজগণিত, গ্রহ গণিতাধ্যায় ও গোলধ্যায়।

প্রথম অধ্যায় অর্থাৎ লীলাবতী অধ্যায়তে রয়েছে পাটিগণিতের বিভিন্ন পদ্ধতি। এই অধ্যায়টি রচনাতে ভাস্করাচার্যকে সাহায্য করেছিলেন তার মেয়ে লীলাবতী। তার মেয়ের এই অবদানের জন্য তিনি তার বইয়ের প্রথম অধ্যায়ের নামকরণ করেন তার মেয়ের নামে। লীলাবতী অধ্যায়ে রয়েছে মোট তেরোটা ভাগ। তাতে শূন্য, ঋণাত্মক রাশি, পাই-এর মান, সমান্তর ও গুণোত্তর ধারার অঙ্ক, তল ও ত্রিমাত্রিক জ্যামিতি ইত্যাদি বিষয়ে আলোচনা করা হয়েছে। এই অধ্যায়ে কঠিন সব গাণিতিক হিসাবকে খুব সহজে নির্ণয় করার পদ্ধতি তিনি বর্ণনা করেন। উদাহরণ স্বরূপ, লীলাবতী অধ্যায়ের ৫৪ তম অনুচ্ছেদে রয়েছে ভগ্নাংশ নির্ণয়ের খুব সহজ পদ্ধতি, পুরো প্রশ্নটি বাংলায় অনুবাদ করলে মোটামোটি দাঁড়ায় অনেকটা এরকম,

প্রণয়ীর (*Boy Friend*) সাথে যৌনালাপ (*Sex*) করার সময় তরুণীর মুক্তার হারটি ছিঁড়ে যায় ও মুক্তাদানা গুলি ছড়িয়ে পরে। এগুলির এক ষষ্ঠাংশ মেঝেতে ও এক পঞ্চমাংশ বিছানায় পরল। তরুণীটির হাতে থাকলো এক তৃতীয়াংশ। প্রণয়ী পেলো এক দশমাংশ। হারের সুতোয় এখনো ৬টি মুক্ত বেঁধে থাকলে মোট কত গুলি মুক্তা দানা দিয়ে হারটি গাঁথা হয়ে ছিল। প্রথমে বিষয়টি জটিল মনে হলেও এর নির্ণয়ের পদ্ধতি অতি সরল, মুক্তা দানা গুলির ১/৬ + ১/৫+ ১/৩ + ১/১০ = ২৪/৩০ বা 4/৫ অংশ রয়েছে সূতার বাইরে। অর্থাৎ সুতাতে রয়েছে ১ - 8/৫ = ১/৫ অংশ। এই ১/৫ অংশ যদি ৬ হয় তাহলে মোট মুক্তার সংখ্যা ৫ x ৬ = ৩০টি। এই ভাবে মৌখিক পদ্ধতিতে খুব সহজে জটিল গাণিতিক বিষয়গুলির সমাধান সম্ভব। যেমন একটি সংখ্যা ৯৮৮ -এর বর্গ নির্ণয় করতে হবে। অর্থাৎ নির্ণয় করতে হলে (৯৮৮)^২ = ? আমরা জানি (ক)^২ = ক^২ - খ^২ + খ^২ [খ^২ - খ^২ = o], অর্থাৎ (ক+খ)(ক-খ)+খ^২   [a^2-b^2=(a+b)(a-b)], অর্থাৎ (৯৮৮)^২ = (৯৮৮+১২)(৯৮৮-১২) + (১২)^২ [১২ ধরার কারন এটি ১০০০ গঠন করছে যা দিয়ে হিসাব করা সহজ], অর্থাৎ (৯৮৮)^২ = (১০০০)(৯৭৬)+১88 = ৯৭৬১88।

সিদ্ধান্তশিরোমণির দ্বিতীয় অধ্যায় হল বীজগণিত। যেখানে তিনি নানা ধরণের ত্রিকোণমিতি, ও বহুভুজের সমস্যা সমাধানের পদ্ধতি লিখে গেছেন। সাইন ও কসাইন সরনির উল্লেখ এই অধ্যায়ে পাওয়া যায়। যেখানে তিনি সাইনের বিভিন্ন কোণের মান নির্ণয় করার পদ্ধতি নিয়ে আলোচনা করেছেন। তাছাড়া সাইন কোণের যোগফল ও গুণফল কি করে নির্ণয় করতে হয় তার বিস্তারিত বিবরণ দিয়ে ছিলেন। তাছাড়াও অর্থনৈতিক হিসাব ও রাশিবিজ্ঞানের গণনার বীজগাণিতিক পদ্ধতির উল্লেখ এই অধ্যায়ে পাওয়া

যায়। এই অধ্যায়েতেই ভাস্করাচার্য বলেছেন যে কোন সংখ্যাকে শূন্য দিয়ে ভাগ করলে ভাগফল আসে অসীম। তিনি দেখান যে হিসাবের সুবিধার্থে আমরা কোন হিসাবকে আগে ছোট ছোট অসীম সংখ্যক অধ্যায়ে ভেঙ্গে নিতে পারি। আর তারপর তাদের আবার যুক্ত করে সম্পূর্ণ মান নির্ণয় করতে পারি। এই পদ্ধতি সম্পূর্ণ রূপে ডিফারেন্সিয়াল ও ইনটিগ্র্যাল ক্যালকুলাসের ন্যায়। এই পদ্ধতি দেখেই *Kim Leslie Plofker* বলেছিলেন যে ক্যালকুলাসের আবিষ্কারক আসলে ভাস্করাচার্য। ইউরোপে ক্যালকুলাসের ব্যবহার দেখা যায় ভাস্করাচার্যের প্রায় ৫০০ বছর পরে।

সিদ্ধান্তশিরোমণির তৃতীয় অধ্যায় হল গ্রহ গণিতাধ্যায়। এই অধ্যায়ে তিনি গ্রহদের গতিপথ নির্ণয়ের পদ্ধতি আবিষ্কার করেন। তিনি পৃথিবী কেন্দ্রিক জগতের জায়গায় সৌরকেন্দ্রিক জগতের উপর ভিত্তিকরে তার সকল হিসেব করে ছিলেন। তার মতে এই ভাবে হিসাব করলে গ্রহদের গতিপথ সহজে নির্ণয় করা সম্ভব। যদিও তিনি সরাসরি এই কথা স্বীকার করেন নি যে সৌরজগত পৃথিবী কেন্দ্রিক না কি সৌর কেন্দ্রিক। তবে তার গাণিতিক হিসাব থেকে ধারণা করা যায় তিনি কিছুটা আভাস পেয়েছিলেন সৌরকেন্দ্রিক জগতের। ডিফারেন্সিয়াল ক্যালকুলাস ব্যবহার করে ভাস্করাচার্য গ্রহের গতি, গ্রহের তাৎক্ষণিক গতি ইত্যাদি বের করার পদ্ধতি নির্ণয় করেন, পাশাপাশি সময়কে ক্ষুদ্রাতিক্ষুদ্র অংশে ভাগ করার নিয়ম তিনি এই অধ্যায়ে দেখিয়েছেন। তিনি সময়ের সবচেয়ে ক্ষুদ্র অংশের নাম দিয়েছিলেন 'ত্রুটি' (১ সেকেন্ড সময়ের ৩৩৭৫০ ভাগ)। এই একই অধ্যায়ে ভাস্করাচার্য বলেছেন, "পৃথিবী যদি দর্পণোদরের ন্যায় সমতল হইত, তবে তদুপরি বহু উচ্চে ভ্রমণশীল স্বর্য্য নিরন্তর মানবগণের দৃষ্টিগোচর হইত। অর্থাৎ, কখনই রাত্রি হইত না ; গোল বলিয়াই দিবারাত্রি

হইয়া থাকে" এই লাইনটির মাধ্যমেই জানা যায় ভাস্করাচার্য ইউরোপের বহু আগে থেকেই জানতেন যে পৃথিবী গোলাকার।

অভিকর্ষ বল নিয়ে সিদ্ধান্তশিরোমনির একটি পংক্তি হল:

"আকৃষ্টি শক্তিশ্চ মহীতয়া যৎ

খসৃং গুরু স্বাভিমুখং স্বশক্ত্যা

আকৃষ্যতে তৎ পততীবভাতি

সমে সমস্তাৎ ক্ব পতত্বিয়ং খে !!"

অর্থাৎ আকর্ষণ বলসম্পন্ন পৃথিবী যখন কোন বস্তুকে নিজ অভিমুখে স্বশক্তিতে আকর্ষণ করে, তখন মনে হয় বস্তুগুলো পতনশীল। পৃথিবী নিজ অবস্থানে রয়েছে মহাকাশের বিভিন্নমুখী শক্তির কারণে। অর্থাৎ ভাস্করাচার্য মাধ্যাকর্ষণ বল সম্পর্কে যথেষ্ট ধারণা রেখেছিলেন। আর এই মাধ্যাকর্ষণ বলের ধর্ম সম্পর্কে বিস্তারিত বিবরণ তিনি ক্যালকুলাসের বিভিন্ন সূত্র প্রয়োগ করে দেখিয়ে ছিলেন। তবে সিদ্ধান্তশিরোমণির বিভিন্ন শ্লোক পড়ে এই ধারণা করা সম্ভব নয় যে ভাস্করাচার্য বুঝেছিলেন সূর্যের আকর্ষণেই গ্রহ গুলো ঘুরছে। তিনি শুধু গ্রহদের গতিপথ নির্ণয় করেছিলেন। তবে পৃথিবীর মাধ্যাকর্ষণ বল কেমন রূপে কাজ করে তার বিস্তৃত বিবরণ তিনি দিয়ে জান।

ভাস্করাচার্য সম্ভবত এটা বুঝতে পারেন নি যে পৃথিবীর মাধ্যাকর্ষণ যে সূত্রের দ্বারা বর্ণনা করা যায় সেই একই সূত্র বাকি গ্রহ বা নক্ষত্রের উপরেও প্রযোজ্য। আসলে তখন বিজ্ঞান ছিল সম্পূর্ণ প্রত্যক্ষ পরীক্ষা ও পর্যবেক্ষণ নির্ভর। যেহেতু সূর্য বা অন্য গ্রহের মাধ্যাকর্ষণ প্রত্যক্ষ পর্যবেক্ষণের সুযোগ ছিল না তাই সম্ভবত তিনি এই বিষয়ে বেশিদূর চিন্তা করেন নি।

তবে পৃথিবীর মাধ্যাকর্ষণ ও তার ফলে পরন্ত বা ছুটন্ত বস্তুদের গতির কি রূপ পরিবর্তন হয় তা তিনি বর্ণনা করেন। কোন বস্তুকে বিভিন্ন কোণে ছুরে মারলে সেই বস্তু কতদূর যাবে ও তার যাত্রাপথ কেমন হবে তার বর্ণনা তিনি দিয়ে ছিলেন। ঘর্ষণ ও বায়ু জনিত বাঁধার জন্য গতি কি রূপ বাঁধা পেয়ে পারে তার হিসেব তিনি করেন। এক কোথায় "গ্রহ গণিতাধ্যায়"তে ভাস্করাচার্য *Laws of motion* ও *Law of gravitation* নিয়ে আলোচনা করেছে।

সিদ্ধান্তশিরোমণির চতুর্থ অধ্যায় হল গোলধ্যায়, এই অধ্যায়ে ভাস্করাচার্য ত্রিমাত্রিক বস্তুদের ভর, আয়তন সহ নানা রকমের পরিমাপের পদ্ধতি বর্ণনা করেন। গোলকের পরিমাপের ক্ষেত্রে সাধারণ বীজগাণিতিক পদ্ধতির জাগায় তিনি ইনটিগ্র্যাল ক্যালকুলাসের ব্যবহার করেন। এই পদ্ধতিতে অনেক সূক্ষ্ম পরিমাপ নির্ণয় সম্ভব হয়। তবে শুধু সাধারণ গোলক, চোঙ বা শঙ্কু নয়, তিনি পাথর বা ওই ধরণের অনিয়মিত বস্তুদের পরিমাপের পদ্ধতির ও বিবরণ দিয়েছিলেন।

বাস্তবিক ভাবে বললে সমগ্র ক্লাসিক্যাল মেকানিক্স-এর ভিত্তি প্রস্থ স্থাপিত হয়েছিলো ভাস্করাচার্যর হাত ধরেই। আর এই ভিত্তিপ্রস্থ তিনি স্থাপন করেন ইউরোপের প্রায় ৫০০ বছর আগে।

বাস্তবিক ভাবে বললে সমগ্র ক্লাসিক্যাল মেকানিক্স-এর ভিত্তি প্রস্থ স্থাপিত হয়েছিলো ভাস্করাচার্যর হাত ধরেই। আর এই ভিত্তিপ্রস্থ তিনি স্থাপন করেন ইউরোপের প্রায় ৫০০ বছর আগে।

4

মহর্ষি সুশ্রুত ও প্রাচীন ভারতের প্লাস্টিক সার্জারির ইতিহাস

১৮১৬ সালে ডাক্তার জোসেফ কনস্ট্যান্টাইন কার্পু প্রকাশ করেন একটি বই যার নাম ছিল 'An account of two successful operations for restoring a lost nose from the integuments of the forehead'। সেই বইতে তিনি প্লাস্টিক সার্জারির উপর বেশকিছু গবেষণা প্রকাশ করেন। প্লাস্টিক সার্জারি বিষয়টি তখন ইউরোপে ছিল একেবারেই নতুন বিষয়। কার্যত ডাক্তার জোসেফ কনস্ট্যান্টাইন কার্পু-ই প্রথম ইউরোপীয় যিনি প্লাস্টিক সার্জারির মাধ্যমে কোন ব্যক্তির কাটা নাক জোড়া লাগিয়ে দেন। সারা বিশ্ব এই বিষয়ে হতবাক হয়ে যায়। এই ঘটনা ইউরোপের চিকিৎসা ক্ষেত্রে বিপ্লব নিয়ে আসে। তবে জোসেফ কনস্ট্যান্টাইন কার্পু বলেন এই পদ্ধতি আসলে তার আবিষ্কার নয়, এই পদ্ধতি আবিষ্কার করেছেন ভারতের কিছু অজ্ঞাত মানুষ। কিন্তু ভারত তখন পরাধীন দেশ,

তারা অসভ্য ও অশিক্ষিত জাতি, কালো চামড়ার নিগার, ওরা কি করে এই সব আধুনিক চিকিৎসা ব্যবস্থা আবিষ্কার করবে? বিজ্ঞান বিশেষ করে আধুনিক চিকিৎসা বিজ্ঞান কেবল ইউরোপীয় জাতীর মতো শিক্ষিত জাতীর আবিষ্কার। জোসেফ কনস্ট্যান্টাইন কার্পূ বললেন এই বিষয়টি তিনি নিজে জেনেছেন ১৭৯৪ সালের জেন্টলম্যানস ম্যাগাজিনে ছাপা একটি রিপোর্ট থেকে। এই বিষয়ে তারপর শুরু হয় অনুসন্ধান। ইংল্যান্ড থেকে বেশ কিছু বিজ্ঞানী ও ডাক্তারের দলকে পাঠানো হয় ভারতে। তাদের উদ্দেশ ছিল ভারতের এই প্লাস্টিক সার্জারির বিষয়টিকে ভুল প্রমাণ করা, কারন যাদের কোন আনুষ্ঠানিক শিক্ষা নেই তাদের পক্ষে এতো বড় চিকিৎসা করা সম্ভব নয়। ১৭৯৪ সালের জেন্টলম্যানস ম্যাগাজিনে ডাক্তার ক্রসো এবং ফিনল লিখেছিলেন "পুনের 'কুমার' সম্প্রদায়ের ভেতর এমন কিছু মানুষ আছে যারা নিখুঁতভাবে কাটা নাক সারিয়ে দিতে পারে। তবে তাদের এই অস্ত্রোপচার পদ্ধতি তাদের নিজেদের আবিষ্কার নয়, বহু বছর ধরে বংশপরম্পরায় তারা এই জ্ঞান অর্জন করেছে। তবে কবে কে উদ্ভাবন করেছিলো এই পদ্ধতি, তা তারা নিজেরাও জানে না!" বিজ্ঞানী ও ডাক্তারদের সেই দল গেলেন সেই গ্রামে, আর সেখানে গিয়ে তারা অবাক! কি আশ্চর্য বিষয়, সত্যি এই অঞ্চলের মানুষরা শল্যচিকিৎসাতে বিশেষ পারদর্শী, অথচ এদের কোন ডাক্তারি ডিগ্রি নেই, নেই কোন আনুষ্ঠানিক শিক্ষা। তাহলে কি করে তারা পেলেন এই জ্ঞান? এই নিয়ে শুরু হল গবেষণা। বিভিন্ন পুথি, নথি, বই ও লোককথার উপর ভিত্তি করে তারা আবিষ্কার করলেন তৎকালীন সময় থেকে প্রায় ২৬০০ বছর আগে হারিয়ে যাওয়া এক ভারতীয় চিকিৎসা পদ্ধতির, যা আজকের সময় থেকে প্রায় ২৮০০ বছর আগের। হ্যাঁ, শুনতে অলৌকিক, কল্পবিজ্ঞান বা ম্যাজিক মনে হলেও আজ থেকে ২৮০০ বছর আগেই ভারতীয়রা প্লাস্টিক সার্জারির মতো জটিল বিষয় রপ্ত করে

ফেলেছিল। এই আবিষ্কারের নেপথ্যে ছিলেন ভারতের বিখ্যাত চিকিৎসক মহর্ষি সুশ্রুত। তবে মহর্ষি সুশ্রুতের জন্মকাল নিয়ে ঐতিহাসিকদের ভেতরে যথেষ্ট মতভেদ রয়েছে। হরিদ্বারের 'পতঞ্জলি যোগপীঠ' এ মহর্ষি সুশ্রুতের একটি আবক্ষ মূর্তি রয়েছে। সেখানে উল্লেখ করা হয়েছে তিনি খ্রিষ্টপূর্ব ১৫০০ অব্দে জীবিত ছিলেন। তবে অধিকাংশ ঐতিহাসিকের মতে তার জীবনকাল অতিবাহিত হয়েছিলো খ্রিষ্টপূর্ব ১০০০ সাল থেকে খ্রিষ্টপূর্ব ৮০০ সালের ভেতরে কোনো এক সময়ে। টাকলামাকান মরুভূমির প্রাচীন এক বৌদ্ধবিহার থেকে পাওয়া গুপ্ত যুগের বাওয়ার লিপিতে উল্লেখ পাওয়া যায় মহর্ষি সুশ্রুতের। অর্থাৎ খুব কম করে ধরলেও খ্রিষ্টপূর্ব ৮০০ সাল নাগাত তিনি প্লাস্টিক সার্জারির মতো জটিল বিষয় রপ্ত করে ফেলেছিল যা শিখতে ইউরোপিয়ানদের আরও ২৬০০ বছর অপেক্ষা করতে হয়। এক সময় বেনারস নগরী ছিল আয়ুর্বেদের পীঠস্থান। এই প্রাচীন বেনারস শহরে খ্রিষ্টপূর্ব ১০০০ সাল থেকে খ্রিষ্টপূর্ব ৮০০ সালের ভেতরে কোনো এক সময়ে জন্মগ্রহণ করেছিলেন মহর্ষি সুশ্রুত। সেখানেই তিনি আয়ুর্বেদ ও অন্যান্য চিকিৎসা পদ্ধতি শেখেন। সেখান থেকেই তিনি শারীরের বিভিন্নও অংশের মধ্যে কি করে যোগসূত্র প্রতিষ্ঠা করা যায় তা নিয়ে গবেষণা করেন। গবেষণা ও চিকিৎসার পাশাপাশি তিনি সেখানে শিক্ষার্থীদের শিক্ষা দিতেন চিকিৎসক হওয়ার। তার অনুসারীদের বলা হতো সৌশ্রুত। সমস্ত সৌশ্রুতকে ৬ বছর ধরে শিক্ষা গ্রহণ করতে হতো। যার সিলেবাস ছিল অনেকটা এরকম, প্রথম ১ বছর শিক্ষার্থীদের শুধু পুথিপত্র পড়তে হত, পরবর্তী ২ বছর তারা তাদের শিক্ষক চিকিৎসকের সাথে বিভিন্নও চিকিৎসা পদ্ধতি দেখত, পরবর্তী ২ বছর তারা তাদের শিক্ষক চিকিৎসকের সহায়ক রুপে কাজ করতো ও রোগীদের চিকিৎসা করতো, শেষ ১ বছর তারা তাদের শিক্ষক চিকিৎসকের অধীনে অস্ত্রোপচার ও শল্যচিকিৎসা করতো, এবং

শিক্ষাগ্রহণ সম্পন্ন হওয়ার পরে তাদের একটি শপথ নিতে হতো। পদ্ধতি গুলি ছিল ঠিক আধুনিক যুগের চিকিৎসা বিদ্যার মতো। শিক্ষার্থীদের বোঝার সুবিধার জন্য তিনি অস্ত্রোপচারের পদ্ধতিকে কয়েকটি ধাপে ভাগ করেন। এগুলো হচ্ছে, ১) ছেদন (excision)- কেটে বাদ দেওয়া। যেমন মারাত্মক ক্ষত হয়ে যাওয়া আঙুল বা নিরাময়ের অযোগ্য পা। ২) লেখন (sacrification)- কোনো একটি অংশকে দাগ কেটে আলতোভাবে চিরে ফেলা কিংবা কোনো ক্ষতের বাড়তি মাংস বা ময়লা ছেঁচে তুলে ফেলা। ৩) ভেদন (puncturing)- কোনো অঙ্গে বিশেষ যন্ত্র দিয়ে ছিদ্র করে পেটের গহ্বরে বা অণ্ডকোষে কিংবা মাংসপেশির মাঝে জমা হওয়া অস্বাভাবিক তরল ফেলে দেওয়া। ৪) এষণা (exploration)- আপাতদৃষ্টিতে দেখা যায় না, এমন সব জায়গা যেমন দেহ গহ্বর কিংবা অসুখের ফলে সৃষ্ট সাইনাস সমূহ উন্মুক্ত করে পর্যবেক্ষণ করা। ৫) আহরণ (extraction)- উৎপাটন বা শরীরে ঢুকে যাওয়া কিছু (যেমন তীরের অগ্রভাগ) টেনে বের করা। ৬) সিবন (suturing)- অস্ত্রোপচারের পর উন্মুক্ত স্থান সেলাই করে দেওয়া। আধুনিক চিকিৎসাবিদ্যায় ঠিক এই কাজগুলোই ঘুরিয়ে ফিরিয়ে করা হয়। মহর্ষি সুশ্রুত তার সকল গবেষণা লব্ধ জ্ঞান ও চিকিৎসা পদ্ধতি লিপিবদ্ধ করে যান তার বই সুশ্রুত সংহিতায়। বইটিতে মোট ১৮৬টি অধ্যায় রয়েছে, যার মধ্যে প্রথম পাঁচটি অধ্যায় নিয়ে গঠিত হয়েছে 'পূর্বতন্ত্র' এবং পরের অংশ গুলি নিয়ে গঠিত হয়েছে 'উত্তরতন্ত্র'। এতে প্রায় ১,১২০টি অসুস্থতার বর্ণনা দেওয়া হয়েছে। এর মধ্যে রয়েছে শারীরিক আঘাতের ফলে সৃষ্ট বৈকল্য, বয়স বাড়ার ফলে সৃষ্ট অসুস্থতা, প্রসূতিদের সাথে সম্পর্কিত নানাবিধ রোগ, এমনকি মানসিক রোগের বিভিন্ন দিক এবং তার প্রতিকার সাথে চোখের ছানির অপারেশনের মতো সূক্ষ্ম অস্ত্রোপচারের পদ্ধতির উল্লেখ আছে। পাশাপাশি রয়েছে ৭০০টি ওষুধি গাছের বর্ণনা এবং তাদের ব্যবহার সাথে ৬৪টি খনিজ পদার্থজাত এবং ৫৭টি

প্রাণীজ উৎসজাত ওষধি দ্রব্যের বর্ণনা এবং তাদের ব্যবহার। এই বইয়ের বড় অংশ জুড়ে রয়েছে শল্যচিকিৎসা বা সার্জারির বিভিন্ন পদ্ধতি ও তাতে ব্যবহার করা যন্ত্রগুলোর বিবরন। এমনকি কীভাবে এই যন্ত্রগুলো তৈরি করা যাবে, তারও পদ্ধতি তিনি লিখে যান। তার শল্যচিকিৎসায় ব্যবহৃত কয়েকটি যন্ত্রের নাম মণ্ডলাগ্র সূচিকা, কুশপত্র, উৎপল পত্র, শবরিমুখ কাঁচি, অন্তর্মুখ কাঁচি প্রভৃতি। সুশ্রুত সংহিতা এতটাই বিখ্যাত ছিলো যে এটি বিভিন্ন সময়ে তা বিভিন্ন ভাষায় অনুবাদ হয়। অষ্টম শতকে 'কিতাব-ই-সুশ্রুত' নামে আরবিতে অনুবাদ হয় এই বইটি। আরবি অনুবাদের এই বইটি মধ্যযুগের শেষে ইউরোপে পৌছায়। সেখানে নানা দেশ তাদের নিজস্ব ভাষায় এই বইটির অনুবাদ করে। সব শেষে কবিরাজ কুঞ্জলাল ভিষকরত্ন ১৯১৬ সালে সুশ্রুত সংহিতার ইংরেজি অনুবাদ করেন ও আনুষ্ঠানিক ভাবে তা প্রকাশ করেন। হয়ত আমরা কখনোই আমাদের অতীতের এই গৌরবোজ্জ্বল অধ্যায়কে জানতে পারতাম না, যদি না মহর্ষি সুশ্রুত আমাদের জন্য এই বইটি রেখে যেতেন। হয়তো প্রাচীন ভারতে আরও এমন অনেক আবিষ্কার হয়ে ছিল যা কালের গভীরে হারিয়ে গেছে। হয়তো তার আর কোন উল্লেখ ইতিহাসে নেই। প্রাচীন ভারতের এই সব ইতিহাস সত্যি এক একটা রত্ন ভাণ্ডার, যাকে রক্ষা করা সকল ভারতীয়র কর্তব। এই সব তথ্যই প্রমাণ করে যে ভারতীয়রা একটা সময় সারা বিশ্বের থেকে কয়েক হাজার বছর এগিয়ে ছিল। তবে বর্তমানে সারা বিশ্ব মহর্ষি সুশ্রুতকে সম্মান জানিয়েছেন এবং তাকে অস্ত্রোপচারের জনক" বলে অভিহিত করেছেন। ভারতীয় হিসেবে এটা সত্যি আমাদের কাছে একটা গর্বের বিষয়।

৫

বরাহমিহির ও প্রাচীন ভারতের জ্যোতির্বিজ্ঞানী চর্চা

প্রাচীন ভারতের বিজ্ঞান চর্চা যে কতটা উন্নতি করেছিলো তা কল্পনার অতীত। গণিত, জ্যোতির্বিদ্যা, পদার্থবিদ্যা, রসায়ন, ভূগোল ইত্যাদি সকল ক্ষেত্রে ভারতবর্ষ ছিল তৎকালীন সময়ে সারা বিশ্বের মধ্যে অন্যতম। বিভিন্ন সময়ে বিভিন্ন বিখ্যাত গণিতজ্ঞ, বিজ্ঞানী ও দার্শনিকরা ভারতের বুকে জন্মগ্রহণ করেছিলেন। এমনই একজন বিখ্যাত জ্যোতির্বিদ ও কবি ছিলেন বরাহমিহির। যদিও এ কথা সত্যি যে তিনি জ্যোতির্বিদ্যার পাশাপাশি জ্যোতিষ গননাও করতেন, আর জ্যোতিষ গণনা মোটেও বিজ্ঞান ভিত্তিক নয়। কিন্তু এই জ্যোতিষ গণনার জন্য তাকে গ্রহ ও নক্ষত্রের সঠিক অবস্থান নির্ণয়ের দরকার হতো। আর এই গ্রহ ও নক্ষত্রের সঠিক অবস্থান নির্ণয়ের জন্য তাকে অনেক জ্যোতির্বিদ্যা ও গণিতের হিসাব জানা দরকার ছিল। আমি বরাহমিহিরের এই জ্যোতির্বিদ্যা ও গণিতের জ্ঞান ও সেই

বিষয়ে তার দক্ষতা বিষয়ে আলোচনা করবো।

বরাহমিহির ৫০৫ খ্রিষ্টাব্দে ভারতের অবন্তিনগরে জন্মগ্রহণ করেন। বর্তমানে এই জায়গাটি ভারতের মধ্য প্রদেশ রাজ্যের উজ্জয়িনী জেলার একটি শহর। তাঁর পিতার নাম ছিল আদিত্যদাস, তিনি নিজে সূর্যের উপাসক ছিলেন তাই তিনি সূর্যের নাম অনুসারে তার পুত্রের নাম রাখেন মিহির। আদিত্যদাস নিজেও রাজসভার একজন বিখ্যাত গণিতজ্ঞ ছিলেন। ছোটবেলা থেকেই বরাহমিহির খুব ভালো কবিতা লিখতে পারতেন, তার পিতা ভেবে ছিলেন তার সন্তান নিশ্চয়ই বড় হয়ে বিখ্যাত কবি বা সাহিত্যিক হবে। কিন্তু বরাহমিহিরের ইচ্ছে ছিল তিনি পদার্থবিদ্যা ও জ্যোতির্বিজ্ঞান নিয়ে পড়াশোনা করবেন। তিনি শিক্ষালাভ করেছিলেন কাপিথক নামক স্থানে। জ্যোতির্বিজ্ঞান ছাড়াও বরাহমিহির গণিতশাস্ত্র, পূর্তবিদ্যা, আবহবিদ্যা, এবং স্থাপত্যবিদ্যায় পণ্ডিত ছিলেন। শিক্ষালাভ শেষ করে তিনি তার পিতার মতোই রাজসভার একজন জ্যোতির্বিদ হিসেবে রাজকর্মচারী পদে যোগ দেন। অনেকে বলে তিনি বিক্রমাদিত্যর রাজসভায় নবরত্ন ছিলেন, কিন্তু তার কোন প্রমাণ পাওয়া যায়নি, তবে তিনি গুপ্ত রাজসভার একজন বিশিষ্ট রাজকর্মচারী ছিলেন। রাজস্ব আদায়ের সুবিধার জন্য তিনি বছর গণনার সময় বৈশাখকে প্রথম মাস হিসেবে ধরার প্রচলন করেন। রাজকার্য সঠিক ভাবে করার জন্য তিনি নতুন ও আধুনিক পঞ্জিকা তৈরি করেন।

তবে যে কারনে বরাহমিহির সব থেকে বেশি পরিচিত তা ছিল তার সূর্যকেন্দ্রিক সৌরজগতের মডেল। আগে মনে করা হতো যে পৃথিবী হল সমগ্র মহাবিশ্বের কেন্দ্র আর বাকি সব জ্যোতিষ্করা পৃথিবীকে প্রদক্ষিণ করছে, এই মডেল কে বলতো ভূকেন্দ্রিক মডেল। গ্রীক দার্শনিক প্লেটো ও

এরিস্টটল এই ভূকেন্দ্রিক মডেলের ধারনা দিয়ে ছিল। কিন্তু বরাহমিহির তাঁর 'সূর্যসিদ্ধান্ত' নামক রচনাতে যে সূর্যকেন্দ্রিক মডেলের কথা বর্ণনা করেন, তা ছিল অনেক বেশি সঠিক। ফলে এর পর থেকে সারা বিশ্বে তাঁর বর্ণিত মডেলটি প্রচলিত হয়ে যায়। কেপলারে জন্মের প্রায় এক হাজার বছর আগেই তিনি গ্রহ ও উপগ্রহদের কক্ষপথের সঠিক গণনা করে ফেলেছিলেন। এমন কি সেই ধারণার উপর ভিত্তি করে তিনি প্রথম মাধ্যাকর্ষণের ধারনা দিয়েছিলেন। তিনি গ্রহদের কক্ষপথ নির্ণয়ের জন্য যে পদ্ধতি ব্যবহার করেন তা অনেকটা ক্যালকুলাসের ফর্মুলার মতোই। এই পদ্ধতি ব্যবহার করেই ১৩৫০ সালে ভারতীয় গণিতজ্ঞ মাধব ও নীলকান্ত সম্পূর্ণ ক্যালকুলাসের ফর্মুলা তৈরি করেন। তাই বরাহমিহিরের পদ্ধতিকে ক্যালকুলাসের ভিত্তি বলা যেতে পারে। তিনি পৃথিবীর কক্ষপথের মান এতোটাই সঠিক ভাবে নির্ণয় করে ছিলেন যে, সেই মানের উপর ভিত্তি করে বর্তমানে চাঁদ বা মঙ্গলে যে কোন মহাকাশ যানকে নিয়ে যাওয়া সম্ভব। পৃথিবীর কক্ষপথের মান নির্ণয়ের জন্য পাই (π) -এর সঠিক মান নির্ণয়ের প্রয়োজন ছিল। সেই মান নির্ণয়ের জন্য তিনি আর্যভট্টের প্রদত্ত সাইন ও কোসাইন (Sine ও cosine) সারণিগুলির সঠিক মান নির্ণয় করেন। তাঁর দেওয়া মানগুলি ছিল অধিকতর নিখুঁত। এর ফলে পরবর্তী জ্যোতির্বিদেরা আরও নিখুঁতভাবে গণনা করার সুযোগ পান। তাছাড়াও তিনি গণিত শাস্ত্রে ত্রিকোণমিতির অনেক সূত্র আবিষ্কার করেন, যা আধুনিক ইউরোপে প্রায় এক হাজার বছর পর আবিষ্কৃত হয়।

বরাহমিহির রচিত বই গুলি হল সূর্যসিদ্ধান্ত, রোমকসিদ্ধান্ত, পৌলিশসিদ্ধান্ত, পৈতামহসিদ্ধান্ত এবং বাশিষ্ঠসিদ্ধান্ত ইত্যাদি। আরব দার্শনিক আল খোয়ারিজমি সূর্যসিদ্ধান্ত দ্বারা অনুপ্রাণিত হয়ে 'আল জাবর ওয় আল মুকাবলা'

রচনা করেন বলে। এই বইটির মাধ্যমেই বরাহমিহিরের সূত্র গুলি ইউরোপে পৌঁছেছিল। আধুনিক ইউরোপের জ্যোতির্বিজ্ঞানের ভিত্তি হল বরাহমিহিরের সূত্র গুলি। এই সূত্র গুলি সাহায্যেই আধুনিক ত্রিকোণমিতি ও ক্যালকুলাস সহ গ্রহ ও উপগ্রহদের কক্ষপথ সংক্রান্ত সমস্ত বিজ্ঞান গড়ে ওঠে।

6

আচার্য আর্যভট্ট ও প্রাচীন ভারতের জ্যোতির্বিদ্যা ও নন ইউক্লিডীয় জ্যামিতির চর্চা

বিশ্ব ইতিহাসে গণিত ও জ্যোতির্বিদ্যা নিয়ে যে সকল বিজ্ঞানীরা গবেষণা করেছিলেন তাদের মধ্যে আর্যভট্ট ছিলেন অন্যতম শ্রেষ্ঠ। গণিত, ত্রিকোণমিতি, জ্যামিতি, গতিবিদ্যা, মহাকাশ বিদ্যা, জ্যোতির্বিদ্যা, ভূবিদ্যা, পরিবেশবিদ্যা সহ নানা বিষয়ে তার জ্ঞান ও আগ্রহ ছিল। তবে তার মধ্যে গণিত ও জ্যোতির্বিদ্যা ছিল তার প্রধান গবেষণার বিষয়। আর্যভট্ট লিখতে খুব পছন্দ করতেন, তৎকালীন সময়ে বই বা পুথি লেখা হত পদ্য বা কবিতার আকারে। আর্যভট্ট তার জীবনী, গবেষণা, গবেষণার

ফলাফল সব কিছুই পুথিতে লিখে রাখতেন। তার নিজের লেখা থেকেই তার জীবনী সম্পর্কে অনেক কিছু জানা যায়। আর্যভট্টর নিজের জীবনী অনুসারে তিনি পাটুলিপুত্র নগরে জন্মগ্রহণ করে ছিলেন, এই পাটুলিপুত্র বর্তমানে পাটনাতে অবস্থিত। প্রাচীন ভারতের বিখ্যাত নগর গুলির মধ্যে একটি ছিল পাটুলিপুত্র। বর্তমান ঐতিহাসিকদের মতে আর্যভট্ট আনুমানিক ৪৭৬ সালে জন্মগ্রহন করেন, তবে কোন কোন ঐতিহাসিকদের মতে আর্যভট্ট ৪০০ সালের আশেপাশে জন্মগ্রহণ করে ছিলেন। তার শিক্ষাজীবন শুরু হয় কুসুমপুর নগর থেকে। অসাধারণ ছাত্র থাকার জন্য তার সেই অঞ্চলে খুব জনপ্রিয়তা হয়। তৎকালীন সময়ে এটা খুব সাধারণ বিষয় ছিল, শিক্ষিত বাক্তিদের শ্রেষ্ঠ মনে করা হতো। কুসুমপুর নগরের শিক্ষা গ্রহণ শেষে তিনি চলে আসেন তৎকালীন ভারতের তথা বিশ্বের সব থেকে বিখ্যাত বিশ্ববিদ্যালয় নালন্দা বিশ্ববিদ্যালয়ে। দেশ বিদেশ থেকে বহু শিক্ষার্থী তখন নালন্দা বিশ্ববিদ্যালয়ে পড়াশোনার জন্য আসতেন। অসাধারণ পড়াশোনার জন্য কিছু সময়ের মধ্যেই আর্যভট্ট নালন্দা বিশ্ববিদ্যালয়ে জনপ্রিয় হয়ে উঠলেন। নালন্দা বিশ্ববিদ্যালয়ের পড়াশোনা শেষে তিনি সেই বিশ্ববিদ্যালয়েরই শিক্ষক হিসেবে যোগদান করেন এবং কিছু সময়ের মধ্যেই তিনি নালন্দা বিশ্ববিদ্যালয়ের প্রধান আচার্য হয়ে ওঠেন। বিশ্ববিদ্যালয়ের দায়িত্ব পালনের সাথে সাথে তিনি তার গবেষণা চালিয়ে যান এবং গণিত ও বিজ্ঞানে দুর্দান্ত অবদান রেখে যান। আর্যভট্টর প্রধান গবেষণার বিষয় ছিল গণিত ও জ্যোতির্বিদ্যা। তিনি তার সমস্ত গবেষণার ফলাফল একটি বইয়ের আকারে লিখে যান যার নাম আর্যভট্টীয় বা আর্যভট্টীকা, তবে তা অনেক ক্ষেত্রে Arya-shatas-aShTa নামেও পরিচিত। তার এই বইটি সূত্র আকারে লেখা থাকায় এই বইকে অনেক ক্ষেত্রে আর্যভট্টসূত্র বলা হয়। এই বইটি চারটি অধ্যায়ে বিভক্ত, ১) দশগীতিকা, ২) গণিতপাদ, ৩) কালক্রিয়াপদ ও ৪) গোলপাদ। এই

অধ্যায় গুলির মধ্যে গণিতপাদ ও গোলপাদ বেশ আকর্ষণীয়। গণিতপাদ অধ্যায়ে তিনি প্রথম শূন্য ও দশমিক পদ ব্যবহার করেন। তাছাড়াও বর্গ, ঘন সহ উচ্চ ঘাত মান নির্ণয়ের পদ্ধতি তিনি তার বইতে লিখে যান। তবে এই অধ্যায়ের সবথেকে গুরুত্ব পূর্ণ বিষয় হল পাই (π) এর সঠিক মান নির্ণয়। এই মান নির্ণয়ের জন্য তিনি সাইন সরনির ব্যবহার করেন। বলে রাখা যেতে পারে আর্যভট্ট তার সাইন টেবিলে সরাসরি $sin\theta$ এর বদলে $Rsin\theta$ ব্যবহার করেছেন। এখানে R দ্বারা একটি নির্দিষ্ট বৃত্তের ব্যাসার্ধ বোঝানো হচ্ছে। আর্যভট্ট এই ব্যাসার্ধের মান ব্যবহার করেছিলেন ৩৪৩৮, এর সম্ভাব্য কারণ হতে পারে যে আর্যভট্ট এক মিনিট পরিমাণ কোণের জন্য একক ব্যাসার্ধের বৃত্তে বৃত্তচাপের দৈর্ঘ্যকে এক একক হিসেবে ধরে নিয়েছিলেন। একটি বৃত্তের সম্পূর্ণ পরিধি তার কেন্দ্রে (৩৬০×৬০) = ২১৬০০ মিনিট কোণ ধারণ করে। সে হিসেবে বৃত্তের পরিধি হল ২১৬০০ একক এবং ঐ বৃত্তের ব্যাসার্ধ হবে ২১৬০০/২π, আর্যভট্টের হিসেবে পাওয়া π = ৩.১৪১৬ ব্যবহার করলে ব্যাসার্ধের মান প্রায় ৩৪৩৮ হয়। এই পদ্ধতিতে প্রথম বারের মতো কেউ পাই-এর এতো সঠিক মান নির্ণয় করেন। আর্যভট্ট একাধিক অজানা রাশি সংবলিত সমীকরণের সমাধান করার একটি সাধারণ পদ্ধতি তৈরি করেন। এটির নাম ছিল "কুট্টক"। প্রথম ভাস্করের কাজে কুট্টক পদ্ধতির ব্যাখ্যা দেবার সময় একটি উদাহরণ ব্যবহার করা হয়েছে- "এমন সংখ্যা নির্ণয় কর যাকে ৮ দিয়ে ভাগ করলে ৫, ৯ দিয়ে ভাগ করলে ৪ এবং ৭ দিয়ে ভাগ করলে ১ অবশিষ্ট থাকে।" $N = 8x+5 = 9y+4 = 7z+1$। পরবর্তীকালে এ ধরনের সমস্যা সমাধানের জন্য ভারতবর্ষে কুট্টক পদ্ধতিটিই আদর্শ পদ্ধতি হিসেবে ব্যবহৃত হয়, কুট্টক কথায় অর্থ ক্ষুদ্র অংশে ভেঙ্গে নেওয়া অর্থাৎ গণিতের সমস্যাকে আগে ছোট ছোট অংশে ভেঙ্গে তাদের আলাদা আলাদা করে সমাধান করা। আর্যভট্টের

কাজে প্রথম n সংখ্যক স্বাভাবিক সংখ্যার ঘাতবিশিষ্ট পদ সমূহের বর্গ ও ঘনের সমষ্টির সূত্রের উল্লেখ পাওয়া যায় যা আধুনিক ইউরোপে আরো কয়েকশো বছর পর আবিষ্কৃত হয়। আর্যভট্টীয় বইটির গোলপাদ অংশে আর্যভট্ট উদাহরণের মাধ্যমে উল্লেখ করেছেন যে পৃথিবী নিজ অক্ষের সাপেক্ষে ঘোরে। তিনি পৃথিবীর আহ্নিক গতির হিসাবও করেছিলেন। তার হিসেবে পৃথিবীর পরিধি ছিল ৩৯,৯৬৮ কিলোমিটার, যেটা সে সময় পর্যন্ত বের করা যেকোন পরিমাপের চেয়ে শুদ্ধতর (ভুল মাত্র ০.২%)। সৌর জগৎে গ্রহগুলোর কক্ষপথের আকৃতি তার ভাষ্যে ছিল উপবৃত্তাকৃতির এবং তিনি এক বছর সময়কালের প্রায় সঠিক একটি পরিমাপ করেছিলেন। আর্যভট্ট সূর্যগ্রহণ এবং চন্দ্রগ্রহণের হিন্দু পৌরাণিক ধারণার পরিবর্তে প্রকৃত কারণগুলো ব্যাখ্যা করে গেছেন। সেই সাথে তিনি সূর্য গ্রহণ এবং চন্দ্রগ্রহণের সময়কাল নির্ণয়ের পদ্ধতিও বের করেছিলেন। আর্যভট্ট বলেছিলেন যে চাঁদের আলো আসলে সূর্যের আলোর প্রতিফলনেরই ফলাফল। আর সূর্য গ্রহণ হয় যখন চাঁদ সূর্যের সামনে চলে আসে ও চন্দ্র গ্রহণ হয় যখন পৃথিবীর ছায়া চাঁদের উপর পরে। তবে আর্যভট্ট কিন্তু প্রাচীন ভারতের প্রথম ব্যক্তি নন যিনি গ্রহণের সঠিক কারন ব্যাখ্যা করে ছিলেন, তার আগেও বহু জ্যোতির্বিদ গ্রহণের সঠিক কারন ব্যাখ্যা করে ছিলেন, তবে তাদের গনিতে একটা বড় ভুল ছিল। গ্রহণ কোথায় হবে বা কোথাথেকে গ্রহণ সবথেকে ভালো দেখা যাবে তার হিসাব সব জ্যোতির্বিদরা করতেন সমতল ক্ষেত্রের জামিতির উপর ভিত্তি করে যাকে বলে ইউক্লিডীয় জ্যামিতি। কিন্তু পৃথিবী আসলে গোলাকার, সেই জন্য গণিতের হিসাব কিছুটা ভুল থাকত ও সঠিক স্থান গননায় কিছুটা ভুল থেকে যেত। আর্যভট্ট অনুমান করলেন যে, পৃথিবী গোলাকার বলে তার উপর যদি সূর্যগ্রহণের সময় চাঁদের ছায়া পরে তবে সেই ছায়া সম্পূর্ণ বৃত্তাকার হবে না, পৃথিবী পৃষ্ঠ বক্রতল হওয়ার জন্য সেই ছায়ার আকার পরিবর্তন হবে।

এই জ্যামিতির উপর ভিত্তি করে তিনি বক্রতলে বিভিন্ন জ্যামিতিক চিত্র কেমন হবে সেটা হিসাব করেন। এই পদ্ধতি দ্বারা তিনি প্রথম বারের মতো সর্ঠিক গ্রহণের স্থানের আগাম আনুমান করেন। এই জন্য তাকে জানতে হয়ে ছিল পৃথিবীর ব্যাসার্ধ, পৃথিবীর পরিধি, পৃথিবীর বক্রতা, পাই (π) এর সর্ঠিক মান, ত্রিকোণমিতির সাইন এর সব কোণের মান ও সর্বোপরি জ্যামিতির উপর অগাধ জ্ঞান। আর এই সব গুলির মান আর্যভট্ট আগে থেকেই জানতেন। এই ভাবে সমতল ক্ষেত্রের পাশাপাশি গোলীয় বা বক্রতলে জ্যামিতির মান নির্ণয়ের পদ্ধতি আর্যভট্ট আবিষ্কার করেন। আধুনিক ইউরোপ এই পদ্ধতি প্রায় এক হাজার বছর পর আবিষ্কার করে ছিল। আজ এই পদ্ধতিকে নন ইউক্লিডীয় জ্যামিতি বলে, তবে আমার মতে এই পদ্ধতিকে আর্যভট্ট জ্যামিতি বলা উচিৎ কারন তিনি প্রথম এই পদ্ধতির সূচনা করে ছিলেন। ঐতিহাসিকদের মতে আর্যভট্ট ৫৫০ সালে সম্ভাব্য পাটুলিপুত্র নগরে মৃত্যু বরন করেন। তার করা আবিষ্কার ও গণনা কয়েক হাজার বছর পরেও সমান ভাবে উপযোগী। প্রাচীন ভারতের বিখ্যাত বিজ্ঞানীদের মধ্যে অন্যতম প্রধান ছিলেন আচার্য আর্যভট্ট।

7

আচার্য বৌধায়ন ও প্রাচীন ভারতের ত্রিকোণমিতি চর্চা

যে কোন জটিল গাণিতিক সমস্যার সমাধানের জন্য ত্রিকোণমিতি জানাটা খুব প্রয়োজন। ত্রিকোণমিতি যে শুধু ত্রিভুজ সংক্রান্ত গণনাতেই ব্যবহার হয় তা কিন্তু নয়, ত্রিকোণমিতি ছাড়াও আলো, শব্দ, তরঙ্গ, বৃত্ত, উপবৃত্ত, চতুর্ভুজ, বহুভুজ, বর্গমূল নির্ণয় সহ বিজ্ঞান ও গণিতের অনেক সমস্যার সমাধানে ত্রিকোণমিতি ব্যবহার হয়। তাই প্রাচীনকালে যে দেশ বা গোষ্ঠীর এই ত্রিকোণমিতি সম্পর্কে যথেষ্ট জ্ঞান ছিল তারা বিজ্ঞান ও অঙ্কে স্বভাবতই অনেক উন্নতি করেছিলো। প্রাচীন ভারত ছিল এই ত্রিকোণমিতির জন্মভূমি। আমরা স্কুলে যখন প্রথম ত্রিকোণমিতির সাথে পরিচিত হই, তখন আমাদের যে সকল বেসিক সূত্রগুলি জানতে হয়, তার প্রায় সব গুলোই তৈরি হয়েছে এই ভারতেই খ্রিস্টপূর্ব ৮০০ বছর আগে। সমকোণী ত্রিভুজের ক্ষেত্রে লম্ব, ভূমি ও অতিভুজের মধ্যে যে সম্পর্ক আছে

তাকে পিথাগোরাসের উপপাদ্য দিয়ে প্রকাশ করা হয়। কিন্তু পিথাগোরাসে জন্মের প্রায় ৩০০ বছর আগে ভারতীয় গণিতজ্ঞ আচার্য বৌধায়ন এই সূত্র আবিষ্কার করে গেছিলেন। আচার্য বৌধায়ন প্রথম লক্ষ্য করেন যে সমকোণী ত্রিভুজের ক্ষেত্রে লম্ব, ভূমি ও অতিভুজের মধ্যে একটি সম্পর্ক রয়েছে। আর ত্রিভুজের আকার যতই বড় বা ছোট হোক না কেন এই সম্পর্কটি সব ক্ষেত্রেই এক থাকে। তিনি এই বিষয়ে একটি সূত্র প্রদান করেন যা ছিল অতিভুজ^2= লম্ব^2 + ভূমি^{2}। এই ক্ষেত্রে তিনি একটি ১২ বীজের পরীক্ষার উদাহরণ দেন, যদি কোন সমকোণী ত্রিভুজের ভূমি ৪ একক হয় ও লম্ব ৩ একক হয় তাহলে তার অতিভুজ হবে ৫ একক। পক্ষান্তরে যদি কোন ত্রিভুজের তিনটি বাহু যথাক্রমে ৩,৪ ও ৫ একক হয় তাহলে সেই ত্রিভুজটি অবশ্যই একটি সমকোণী ত্রিভুজ হবে। এমন কি কোন সমকোণী ত্রিভুজের লম্ব, ভূমি ও অতিভুজের দীর্ঘের অনুপাতের পরিবর্তনের সাথে তাদের সংলগ্ন কোণের কীরূপ পরিবর্তন হচ্ছে তাও তিনি নির্ণয় করেন। উদাহরণ স্বরূপ যদি কোন সমকোণী ত্রিভুজের অতিভুজ তার লম্বের দিগুণ হয় তাহলে লম্ব ও অতিভুজ সংলগ্ন কোণটি হবে ৬০ ডিগ্রি ও বিপরীত কোণটি হবে ৩০ ডিগ্রি। আর যদি লম্ব ও ভূমির আকার সমান হয় তাহলে কোণ দুটি হবে ৪৫ ডিগ্রি করে। এই অনুপাত গুলি থেকেই পরবর্তী সময় Sin, Cos, Tan এই ধারনা গুলি আসে। এই আবিষ্কার গুলি ত্রিকোণমিতির জন্মদেয়, ও গণিতের একটা নতুন পথ খুলে যায়।

কিন্তু দুঃখের বিষয় আমরা আচার্য বৌধায়ন সম্পর্কে আজ কিছুই জানিনা। খ্রিস্টপূর্ব প্রায় ৮০০ বছর আগে লেখা বৌধায়ন সূত্র নামক বই থেকে আমরা আচার্য বৌধায়ন সম্পর্কে জানতে পারি। আচার্য বৌধায়ন তার জীবন শুরু করেছিলেন স্থপতি বা architect হিসেবে। তার প্রধান

দায়িত্ব ছিল মন্দির নির্মাণ, কারন আচার্য বৌধায়ন নিজে ছিলেন একজন বৈদিক পুরোহিত। এরকম বড় বড় স্থাপত্য নির্মাণ করতে গিয়েই তিনি প্রথম ত্রিকোণমিতি ব্যবহার করেন, তিনি বুঝতে পারেন যে ত্রিকোণমিতি ব্যবহার করে স্থাপত্য নির্মাণ অনেক বেশি সহজ হচ্ছে। লম্ব, ভূমি ও অতিভুজের দীর্ঘের অনুপাতের সাহায্যে তিনি সঠিক কোণ ও কোণের মানের সাহায্যে লম্ব, ভূমি ও অতিভুজের দীর্ঘের অনুপাত নির্ণয় করার পদ্ধতি তৈরি করেন। এই পদ্ধতি থেকেই পরবর্তী সময় Sin, Cos, Tan এর ধারনা গুলি আসে। কিন্তু এই ভাবে অনুপাত নির্ণয়ের ক্ষেত্রে তাকে একটা সমস্যার সম্মুখীন হতে হয়। তিনি দেখলেন কিছু ক্ষেত্রে এই অনুপাত গুলির মান আসছে $\sqrt{2}$ বা $\sqrt{3}$। কিন্তু এই ধরণের অমূলদ সংখ্যার মান নির্ণয় করা সহজ বিষয় নয়, তার আগে যারা এই ধারণের অমূলদ সংখ্যা নির্ণয় করেছেন তাদের মান খুব বেশি সঠিক ছিল না। তাই আচার্য বৌধায়ন এই ধরনের অমূলদ সংখ্যার মান সঠিক ভাবে নির্ণয়ের ক্ষেত্রে নিজের একটা পদ্ধতি আবিষ্কার করেন। এই পদ্ধতি দ্বারা $\sqrt{2}$ এর মান আসে ১.৪১৪২১৬। এই মানটি বর্তমানে নির্ণয় করা মানের সাথে দশমিকের পর ৫ ঘর পর্যন্ত মিলে যায়। অর্থাৎ আচার্য বৌধায়নের মান ছিল অনেকটাই সঠিক। আমরা সাধারণ হিসাবের ক্ষেত্রে আজও আচার্য বৌধায়নের দেওয়া $\sqrt{2}$-এর এই মানটি ব্যবহার করি। তবে স্থাপত্য নির্মাণের ক্ষেত্রে শুধু ত্রিভুজ নয় সাথে বৃত্ত সম্পর্কেও সঠিক ধারনা দরকার। আর বৃত্ত নিয়ে কাজ করলে পাই (π)-এর সঠিক মান নির্ণয় প্রয়োজন। কিন্তু পাই (π) -এর মান নির্ণয় করা এতো সহজ বিষয় ছিলনা। তবে আচার্য বৌধায়ন এই পাই (π) -এর মান নির্ণয় করেন একেবারে অন্য পদ্ধতিতে। তিনি পাই (π) -এর মান নির্ণয় করতে বৃত্ত নয় বরং চতুর্ভুজকে ব্যবহার করেন। চতুর্ভুজের কর্ণকে বৃত্তের ব্যাস ধরে তিনি সেই তৈরি হওয়া বৃত্তের পরিধির তুলনা করে সর্বপ্রথম সঠিক ভাবে পাই (π) -এর মান নির্ণয় করেন।

তার গণনায় পাই (π) -এর মান আসে 3.1416 (প্রায়)। সাধারণ হিসাবের ক্ষেত্রে আজও আমরা আচার্য বৌধায়নের দেওয়া পাই (π)-এর এই মানটি ব্যবহার করি। আচার্য বৌধায়নের সকল জ্যামিতিক সূত্র গুলি পাওয়া যায় সূলবা সূত্র বইটি থেকে। এই বইটি ছিল আসলে একটি ধর্মীয় বই। এই বইটি প্রধানত অগ্নি বেদীর নকশা করতে ব্যবহৃত হত। বৈদিক যুগে ঈশ্বরের প্রার্থনার জন্য নানা ধরণের জ্যামিতিক নক্সা তৈরি করতে হতো। এই নক্সা গুলি কি করে সঠিক ভাবে বানানো যায় সেই বিষয়েই সূলবা সূত্রে বলা আছে। আচার্য বৌধায়ন এই নক্সা গুলি আঁকার পদ্ধতি এই বইতে বলে গেছেন।

যেই গাণিতিক সমস্যা গুলি নিয়ে আচার্য বৌধায়ন কাজ করেছেন বা যে সমস্যা গুলির তিনি সমাধান করেছিলেন সেই একই সমস্যার সমাধান আধুনিক ইউরোপ করেছিলো আরও প্রায় ৩০০ বছর পরে। আজ আমরা সমকোণী ত্রিভুজের ক্ষেত্রে পিথাগোরাসের যে সূত্র গুলি ব্যবহার করি তা আসলে পিথাগোরাসের জন্মের ৩০০ বছর আগেই ভারতে আবিষ্কৃত হয়ে গিয়ে ছিল। তাই পিথাগোরাসের সূত্রকে আদাও কি পিথাগোরাসের সূত্র বলা উচিৎ নাকি আচার্য বৌধায়নের সূত্র বলা উচিৎ? কারন যে আগে আবিষ্কার করে তার নামেই সূত্রের নামকরণ করা উচিৎ। কিন্তু তবুও আজ অনেক ভারতীয়ই আচার্য বৌধায়নের নামটা পর্যন্ত শোনেন নি, সামান্য কিছু বই ও কিছু পরিব্রাজকদের ভ্রমণ থেকে আচার্য বৌধায়নের সম্পর্কে সামান্য কিছু তথ্য পাওয়া যায়। তবুও আচার্য বৌধায়নের ভাগ্য কিছুটা হলেও ভালো ছিল যে ইতিহাসে তার একটা পরিচয় পাওয়া গেছে। কিন্তু অনেক প্রাচীন বিজ্ঞানী, গণিতজ্ঞ বা গবেষকদের ভাগ্য এতো ভালো ছিল না, ফলে অনেক ভারতীয় গণিতজ্ঞ ও বিজ্ঞানীর নাম ইতিহাসের পাতা থেকে চিরতরে মুছে গেছে।